Dream Threads

20 Original Songs by Ron Patton

Table of Contents

Staten House

ISBN: 979-8-89965-695-8

A HEART CAN GET BROKEN AROUND YOU

Words and Music by RON PATTON

Lyrics:

You Don't mean ___ to, but you stir the room ___ one glance and we for - get what we ___ were do - ing ___

7

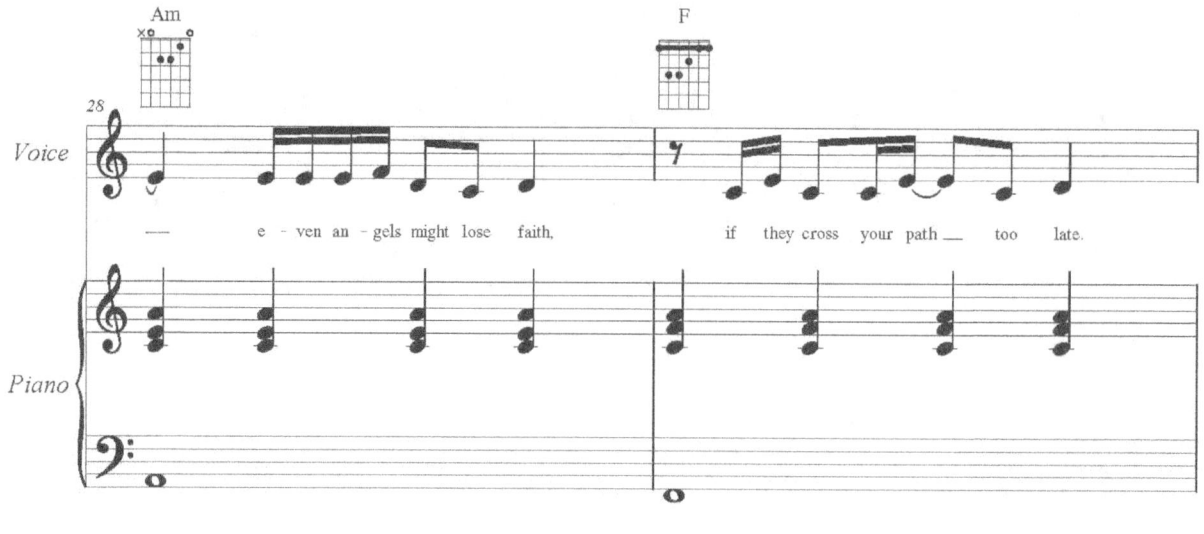

BACKFIRE

♩ = 165

Words and Music by RON PATTON

(Music Intro): _____

) You

said I'd nev - er make it that you had me in your sights, but

ev - 'ry word you threw at me just lit up the fight You

tried to knock me down, yeah you pulled all your strings

now I'm break – ing free watch me cut these pup – pet strings.

You set the trap, but I did – n't fall,

You're strik – ing out just like in base – ball._____

Your plan's a Back - fire ____ ba - by ____ I'm strong - er than ev -

- er you thought you could take _____ me ___ but I was more clev -

- er turn the tab - les ____ now watch me fly high - er I'm the

spark in the dark your plan's a Back - fire. _____

(Music Instrumental): _____) You

played your lit - tle games made me sec - ond guess

16

but I found my voice now I'll set - tle this mess you're

out of _____ tricks ___ and I'm done with the cha - rade I'm

tear - ing up the rule - book of the lies _____ that you made.

You set the trap, but I did - n't fall, _____

You're strik - ing out just like in base - ball.

17

Your plan's a Back - fire ____ ba - by ____ I'm strong - er than ev -

- er ____ you thought you could take _____ me ___ but I was more clev -

- er turn the tab - les ____ now watch me fly high - er I'm the

spark in the dark your plan's a Back - fire. _____

To Coda

(Music Instrumental Break): _____)

18

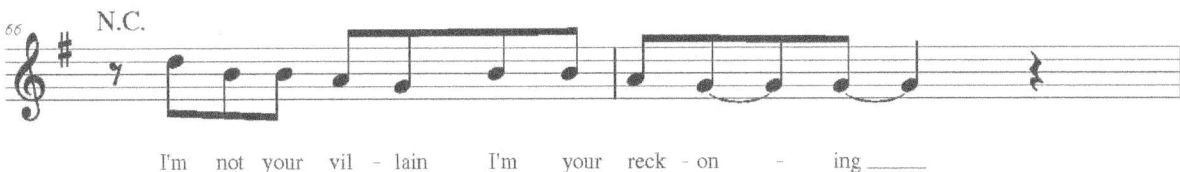

I'm not your vil - lain I'm your reck - on - ing _____

you tried to play me now feel the _____ sting _____

I'm ris - ing up I'm tak - ing con - trol _____

D.S. al Coda

you thought you had me now watch me _____ roll. _____

CODA:

Yeah, yeah your plan's a Back - fire _____

I'm the _____ flame _____ you're just _____ a _____ li - ar. _____

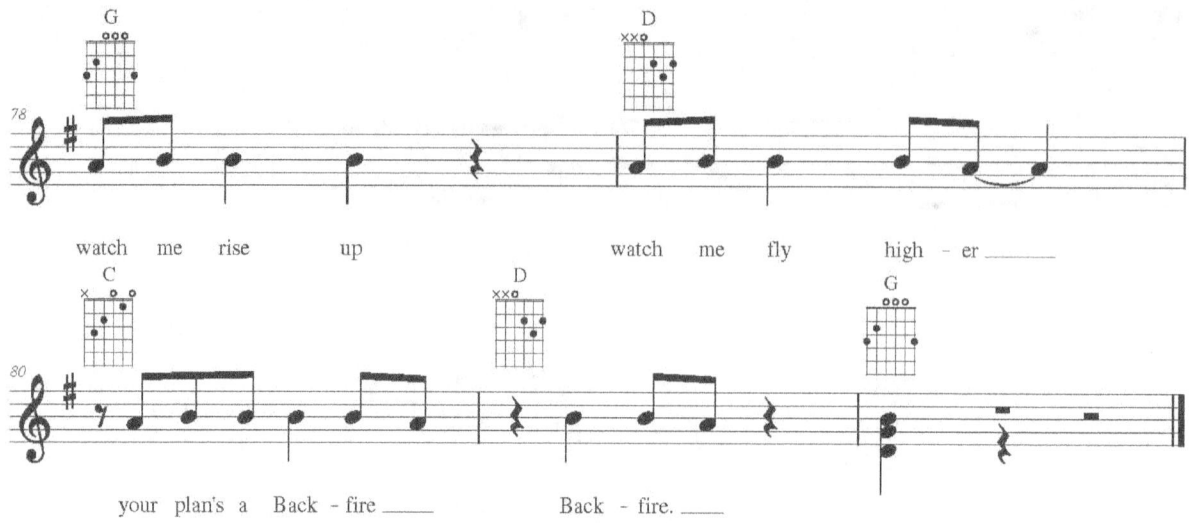

watch me rise up   watch me fly   high - er _____

your plan's a Back - fire _____   Back - fire. _____

20

DIDN'T THINK I'D MISS YOU THIS WAY

Words and Music by RON PATTON

I used to

laugh   when you for-got   my   name   said   you   were

bad   with hearts and face s_____ just the____ same.   I

brushed it   off like pet-als_____ in the   breeze   I_____ nev-er

28

29

Think   I'd _____ Miss You   This   Way.

Don't Push This Love Away

Words and Music by
RON PATTON

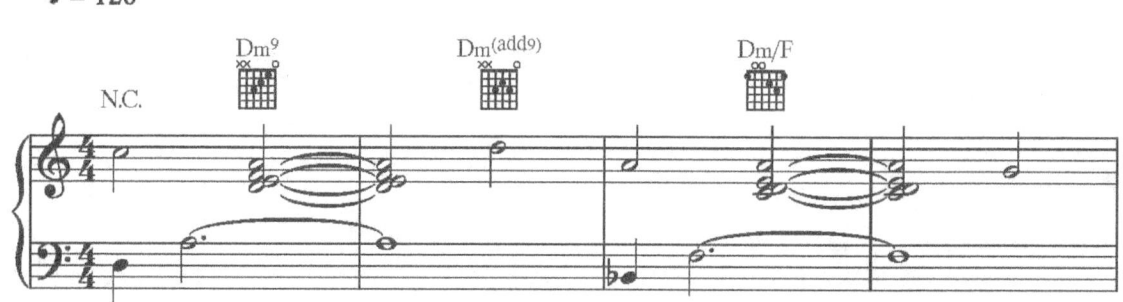

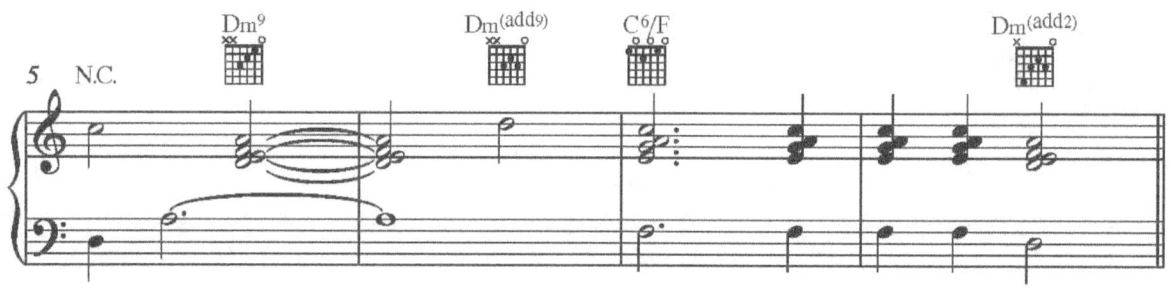

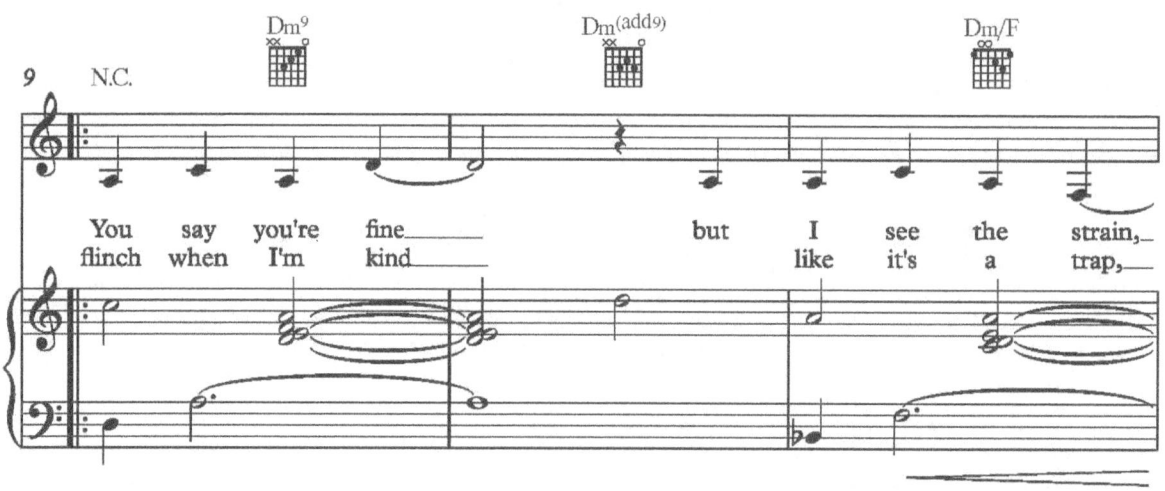

You say you're fine_____ but I see the strain,
flinch when I'm kind_____ like it's a trap,

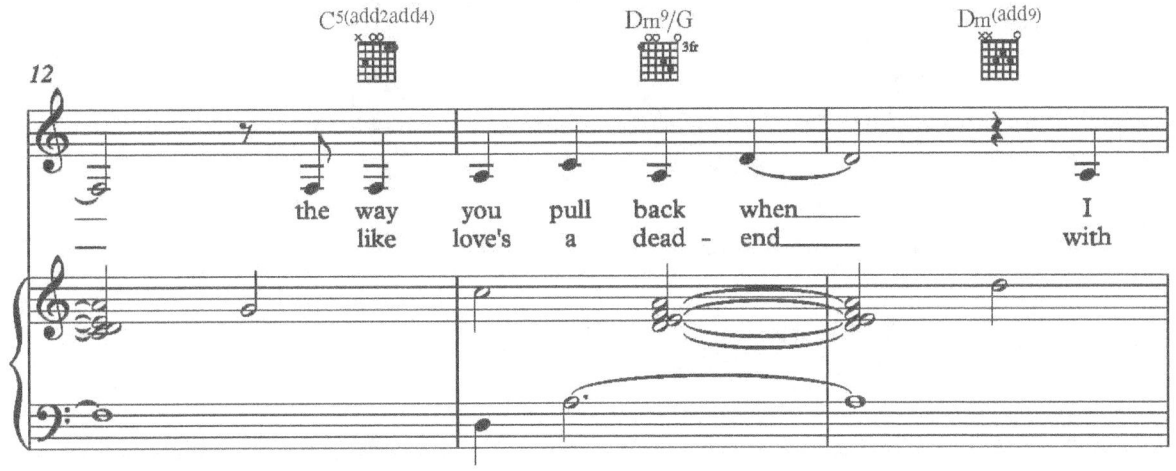

the way   you   pull   back   when   I
like   love's   a   dead - end   with

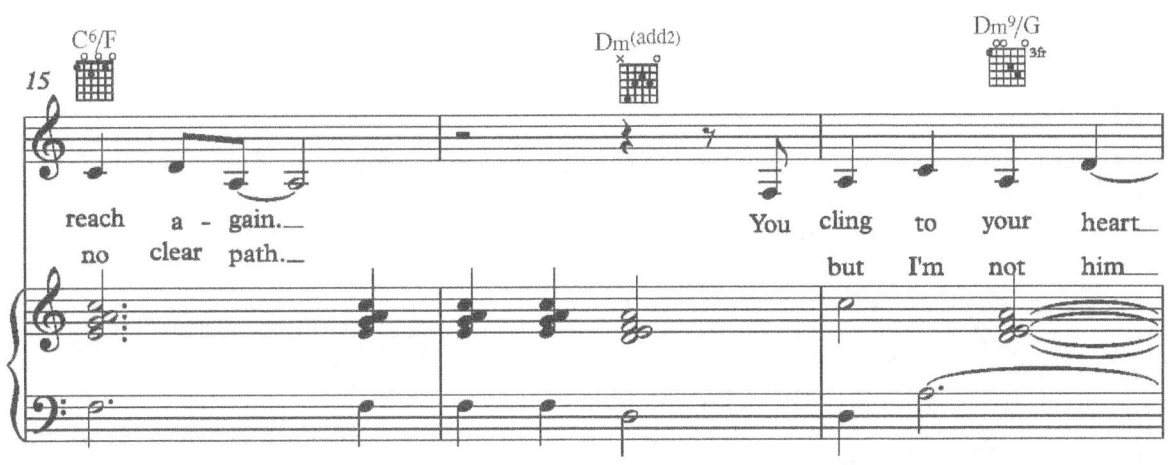

reach   a - gain.   You   cling   to   your   heart
no   clear path.   but   I'm   not   him

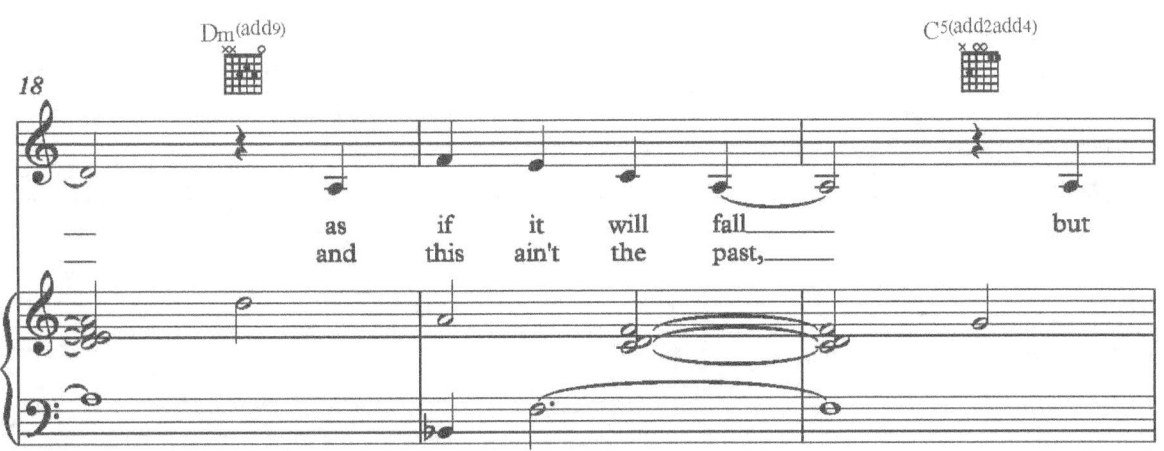

as   if   it   will   fall   but
and   this   ain't   the   past,   but

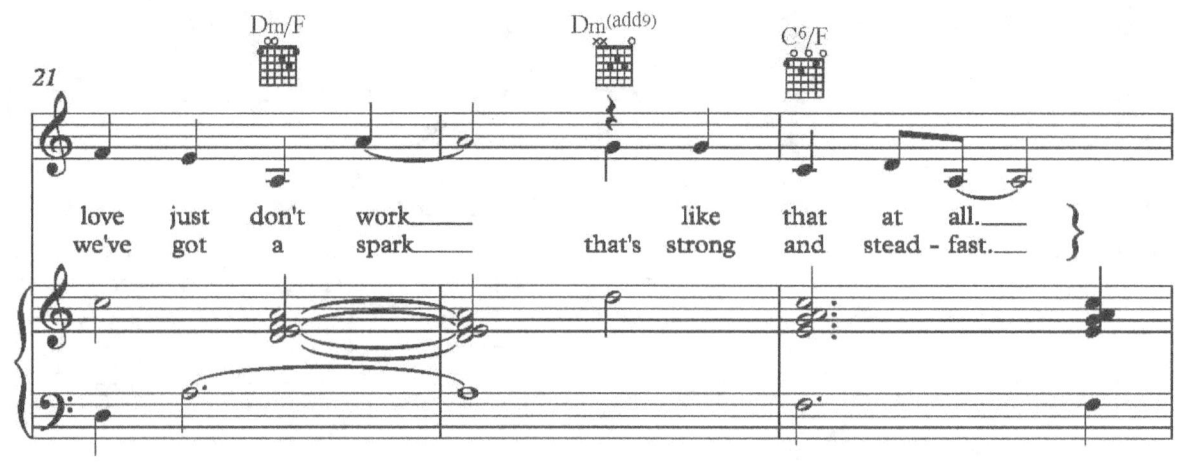

love just don't work____ like that at all.____
we've got a spark____ that's strong and stead - fast.____

CHORUS:

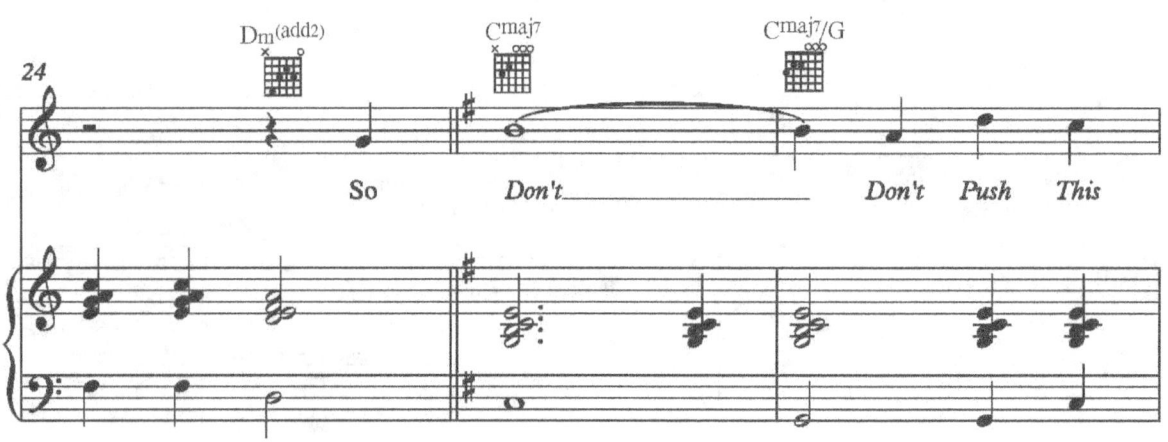

So   Don't_____ Don't Push This

Love A - way____   I know you're scared to trust____

but I be - lieve in us.____ Don't be so

sure_____ what we could have won't work____

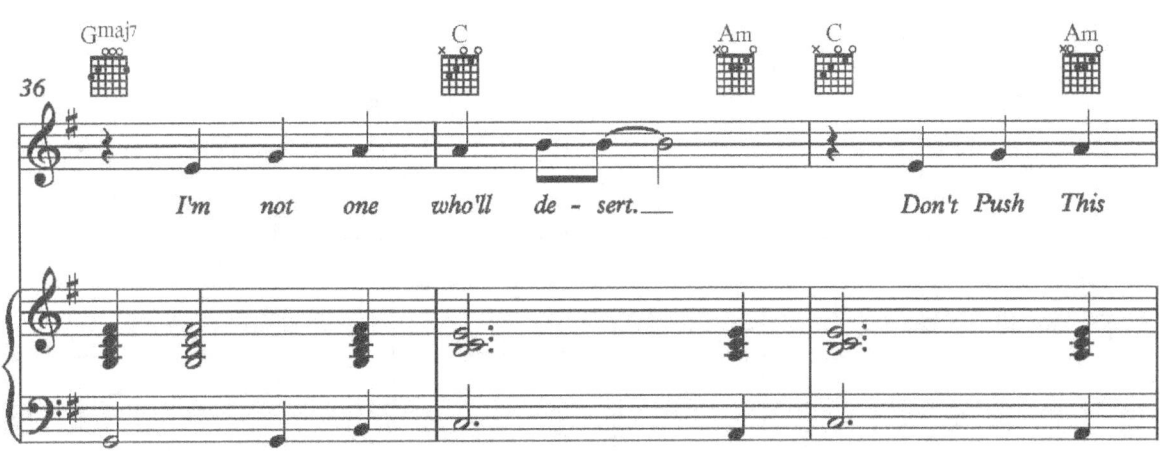

I'm not one who'll de - sert.____ Don't Push This

36

I know you're scare to trust____ but I be -

lieve in us.____ Don't be so sure_____

____ what we could have won't work__ I'm not one who'll de - sert.__

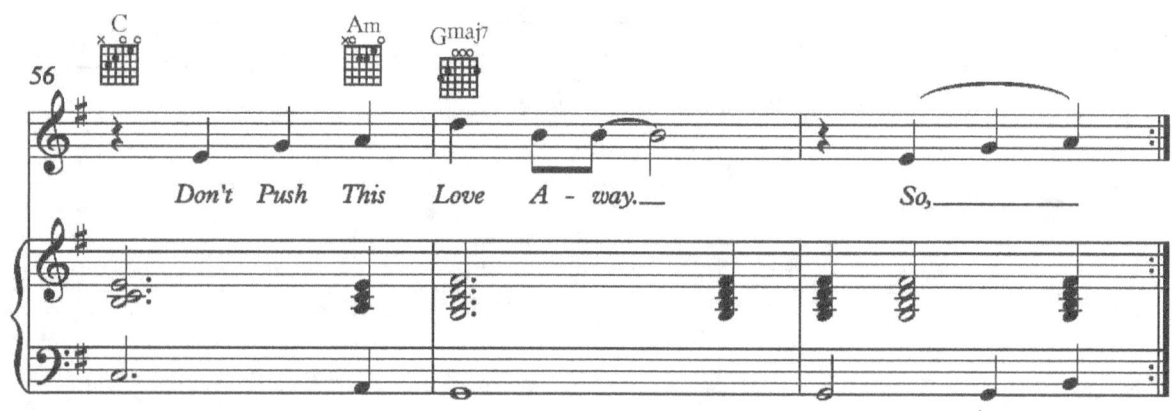

Don't Push This Love A - way. *So,____*

Optional Ending

Love A - way.____

38

FEEDING MY SOUL

Words and Music by RON PATTON

40

noise, pre-tend ing I'm numb. Is this Feed- ing My Soul which is mak ing me swal - low

a lie ___ I don't know?

Scroll thru face ___ s glow-ing on the___

45

Feed -ing My Soul.

GUESS I WAS THE LAST TO KNOW

♩ = 85

Words and Music by RON PATTON

- y ___ hold - ing you ___ so close ___ you were out there

tell - ing se - crets leav - ing clues_ like ghosts _____ Now the

whis - pers turn __ to screams in my head, _____ should -'ve

seen the signs_ in ev - 'ry word you said. I played the fool_

____ caught in your game _ while ev - 'ry - one __ else knew _ I was

seen the signs in ev - 'ry word you said. I played the fool

caught in your game while ev - 'ry - one else knew I was

just a name. I was the last to know

yeah. The on - ly one still hold - ing on, you

let it all go, yeah, while I was think - ing we were strong

To Coda

Now I see___ clear___ all the love you've shown _____ I

Guess I Was The Last,___ the last to know. _____ Fool me once___

___ shame on you. Fool me twice_____ that's what you do ___ but I'm

walk - ing out___ the door___ no more. _____ I won't

D.S. al Coda

be your se - cret hid - den on the floor_____ I was the last to know___

57

HELP ME LET YOU GO

Words and Music by RON PATTON

ver? _____

I'LL FIND MY WAY BACK TO YOU

Words and Music by RON PATTON

73

To Coda

74

(Sax Music Solo): _____

I'M YOUR PROMISE TO BE

♩ = 96

Words and Music by RON PATTON

Prom - ise To Be _____ the strength in your soul _____ the

arms that will hold _____ you when the night gets too cold _____ I'm the fire _____

_____ that won't fade _____ the truth _____ you be - lieve _____ for

To Coda

- ev - er and al - ways, I'm Your Prom ise To Be._____

(Instrumental Music Break): _____

) We'll

D.S. al Coda

CODA:

84

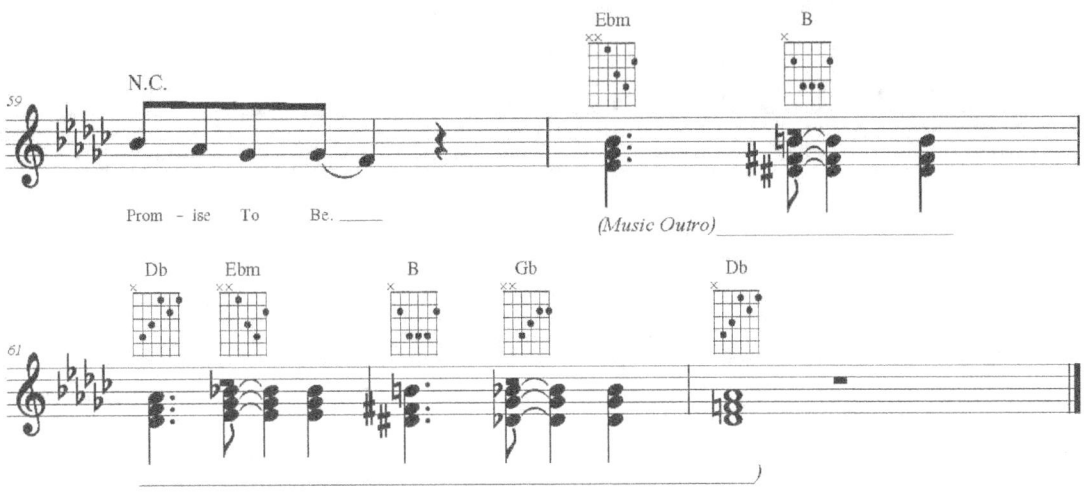

Prom - ise To Be. _____

(Music Outro) _____

SANTA, YOU DON'T STAND A CHANCE WITH ME

Words and Music by RON PATTON

San - ta You Don't Stand A Chance To - night. ___ I've

lit the can - dles, dimmed the lights. ___ For-

-get that list I've been nice and bold, ___ and I've got

nothing on ___ but yule - tide ___ gold. ___ So

park that sleigh, and step up close, _____ 'cause

I'm the hon - ey on your hol - i - day _____ toast. San - ta

San - ta   You Don't Stand ___ A Chance, ___   a chance. ___

_____ Instrumental _____

San - ta

You Don't Stand _ A Chance   With Me, _____   this

by, ___ you don't stand a chance.

SILHOUETTE

Words and Music by RON PATTON

Stare in - to your eyes ____ the first breath ____

that you'll take ___ of mine ____

You _____

you _____

there's no sec - ond _____ guess - ing _____

I'll walk through the fire _____ just

go   and lead ____   the way _____

take   me   where the flames _____   go   high - er _____

ooh. _____

105

106

To Coda

107

D.S. al Coda

Leave when the lov - ing's gone but, un - der the fire

tell - ing you're my drug.

(Oh I need you, oh I need you) There's a Sil - hou - ette

108

SO VERY REAL

Words and Music by RON PATTON

Ooh.

I let my burden fall to the ground I Turn up - side down when I

found you _____ I put my sor row on the shelf learned how to

love some one else to love like I do _____ And it's true

And it's so ____

ve - ry real _____

My heart is o pen a gain 'cause it's like ____ I'm fall - ing love

117

bruise s can once a gain fell like re-turn ing My heart is fi nally come out of the dark__

__ You sent me your rain - bow and I let you in__

118

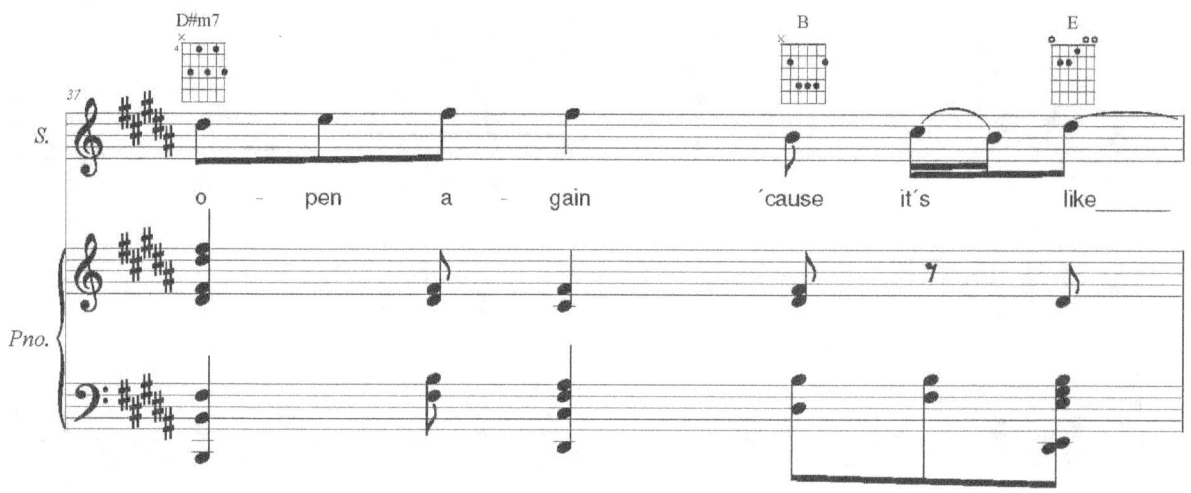

o - pen a - gain 'cause it's like_____

And   it´s   true_____

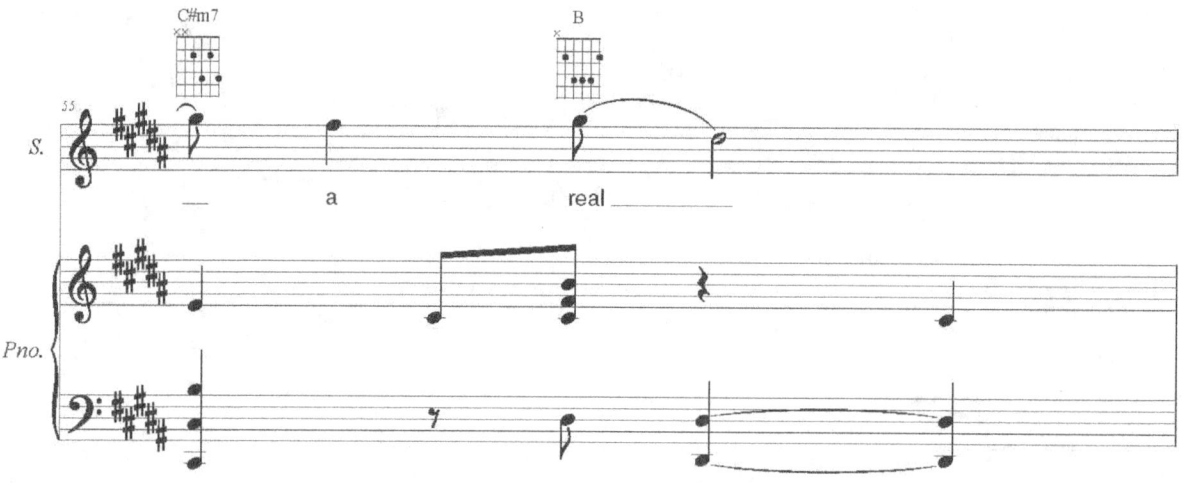

a real

man.

SPIRITUAL SUCCESSOR

Words and Music by RON PATTON

I've been walk-ing thru the gar-dens of my mind ev-'ry flow-er's a mem-'ry left be-hind like post-

-cards   from   an - oth - er   life   un - sent, ____   un - signed. ____

____   I'm   a

new   key   of   a   song   I   used   to   sing,   now   I'm

learn - ing   how   to   be   my   own   be - gin - ning, ____   turn - ing ____

page - s   in ____   a   book ____   with - out ____   an   end -

ing. ____ I'm a Phoe -

nix in dis - guise____ ris - ing out of my new eyes____ re - born____

from the fire____ of for - got - ten ties. ____ I'm a Spir -

it - tu - al____ Suc - ces - sor____ of the girl____

___ I ____ used ____ to be _____ wear - ing ar -

128

-i-tu-al___ Suc-ces-___-sor find-ing my own___ way.___

There's   a

ghost   in   the   mir-or   star-ing   back   at   me   but   I've

learned   she's   not   who   I   have   to   be   like   rain -

eyes. I'm the sun -

- rise of the mid - night break - ing thru the end - less fight ___ leav - ing

all the bro - ken ___ me ___ be - hind. ___ I'm the Spir -

- it - tu - al ___ Suc - ces - sor ___ of the girl ___

___ I ___ used ___ to be ___ wear - ing ar -

132

To Coda

133

-i-tu-al____ Suc - ces - sor step-ping in-to day.____

Like

stars that burn____ out____ but____ still____ light____ the way

I'm a bea-

-con in the dark that chose to stay

I'm not the ver-

-sion you re-mem-ber from be-fore

I'm the heart-

-beat of a brand new met-a-phor.

D.S. al Coda

I'm a

CODA:

an - chored to the past I say I'm a Spir -

- i - tu - al Suc - ces - or born a - gain to - day.

136

STANDING IN THE SHADOWS OF CHRISTMAS

Words and Music by RON PATTON

standing in the shadows where the joy won't go. I'm
chasing a sparkle that won't re-ap-pear. I'm

Standing In The Shadows of Christmas once more, ___

though there's a fireplace I'm still cold to the core. I'm
though I'm by a fireplace I'm still cold to the core. I'm

To Coda

Standing In The Shad-dows _____ of Christ-mas a - gain, _____
left with the mem - o -ries, no place to be - gin. _____

140

Standing In The Shadows of Christmas once more,

Though I'm by a fireplace I'm still cold to the core. I'm

Standing In The Shadows of Christmas again,

142

left with the mem - o - ries, no place to be - gin. __

Repeat & Fade Out:

143

THIS IS WHO WE ARE

Words and Music by RON PATTON

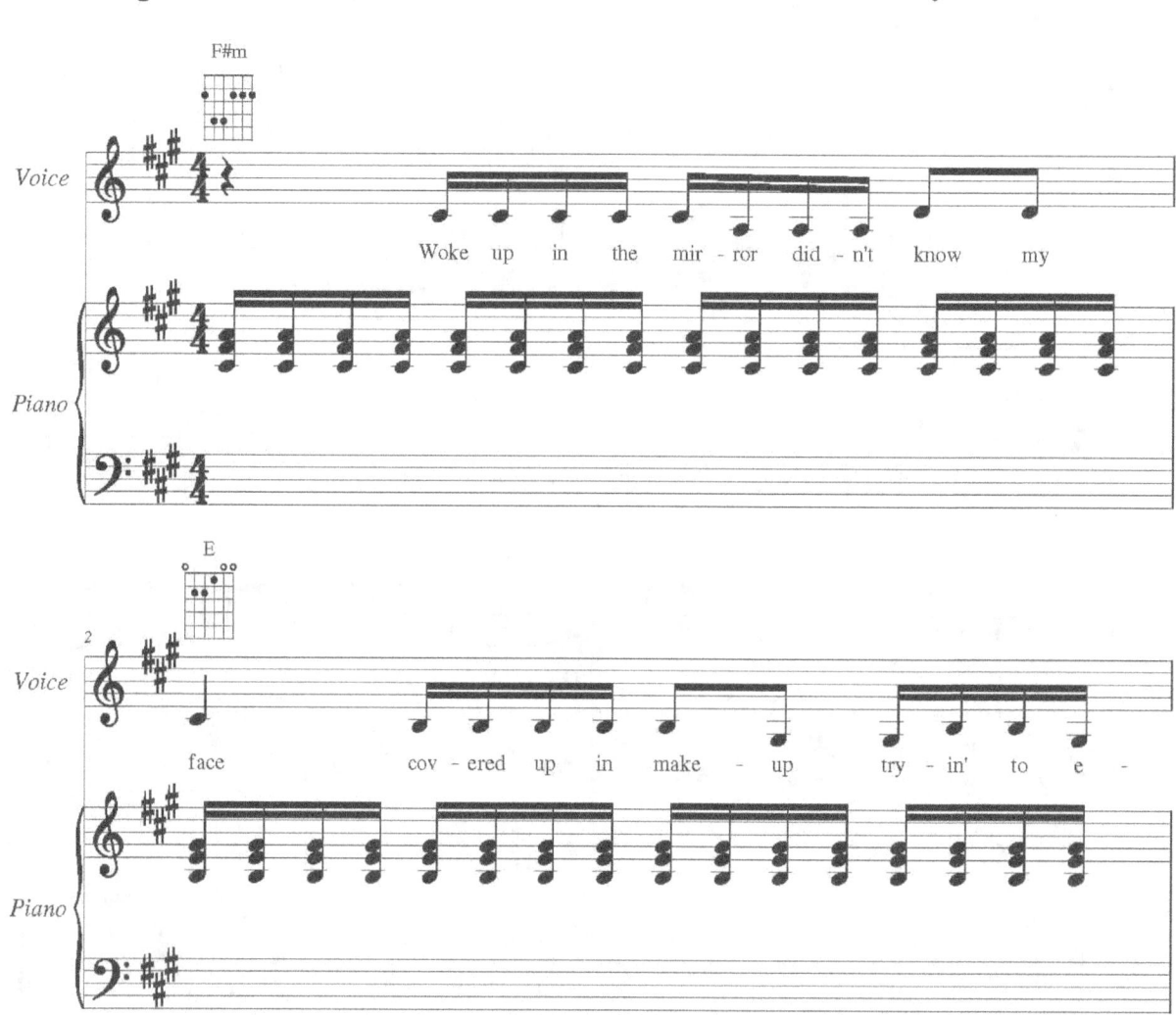

146

150

no more __ dis - guise ___ We're the storm ___

_ be - hind ___ the eyes. ___ Yeah, we've come too

far.

THIS SEASON'S GOT A HOLD ON ME

♩ = 88

Words and Music by RON PATTON

D.S. al Coda

Ev -'ry store

Sea - son's Got A Hold On Me.

This Sea - son's Got A Hold On Me.

159

Repeat, Ad Lib & Fade:

161

UNWRITTEN STORY

Words and Music by RON PATTON

♩ = 94

(Intro Guitar Solo_____)

I've been Chas - ing clou - di - ness run - ning out of time____ (Run - ing out of time)

caught up in the si - lence, look - ing for a sign.___ (Look - ing for a sign). They

say I'm just a dream - er, too lost in my head, but I'll

never be a book that has al-read-y been ___ read.

I'm not here to fit in your plan I'll re-write my life in my own hand. I'm a

Un-writ-ten Stor-y wait-ing to ___ un-fold ___ not a

page in your his-to-ry, ___ I'm break-ing from ___ the mold.. I'm

more than what ___ you see, ___ more than what they say ___ an

Un - writ - ten Stor - y   a   brand new path - way. ___

(2nd Guitar Solo _____)

Fall - ing thru the cha - os, learn - ing how to fly, ___ (learn - ing how to fly.)   in a

world that's tell iing me to   just com - ply ___ (just com - ply.) ___   but

I   don't need your an - swers   I   don't need your lines, _____

164

Un - writ - ten Stor - y   a   brand new path - way. ___

Turn the page,   start a - gain,   I'll   write the end - ing with my heart I'm not de -

-fined by where I've been _____ This is   where the real   me   starts. ___

___ (3rd Guitar Solo _____)   I'm an

Un - writ - ten Stor - y   wait - ing to ___ un - fold _____   not a

(Outro Guitar Solo _____)

More than what you see ___ more than what they say,

an Un - writ - ten Stor - y _____ a brand new path - way. ___

Turn the page. ___ Start a - gain _____ I'll write the end - ing with my

heart. I'm not de - fined by where I've been. ___ This is where the real me

168

ends. _____ and the real me _____ starts. _____ I'm an

Un - writ - ten Stor - y on a brand new path - way. _____ I'm an

Un - writ - ten Stor - y on a brand new path - way. _____

I'm an Un - writ - ten Stor - y _____ my stor - y's just be - gin - ning

I'm an Un - writ - ten Stor - y _____ a gold - en tale _____ of win - ning.

WE'RE SOMETHING OUT OF NOTHING

Words and Music by RON PATTON

We were ash - es in ___ the wind ___ scat- tered far ___ and wide ___

two bro-ken clocks that time for-got _____ nev-er meant to co-in-cide____

____ but fate drew lines in con-stel-la - - ions on-ly dream-ers see __ and

some-how from the si - lence you found your way to me. __

171

172

from cold em - bers lit ___ with hope ___ and wild good - byes   like

po - ems from   the stat - ic   or dia - monds born ___ of dust,   we're the thun -

- der in ___   the qui - et,   the spark ___ in wan - der - lust.   No blue -

- print, no in -struc -tion, just hearts in sweet con-struc - tion. We're

Some - thing Out __ of Noth __ - ing and some - how that's e - nough.__

You're the

D.S. al Coda

— the laws __ of grav - i - ty when you came ___ a - round.   We're

CODA:

We're

176

177

YOU STOLE MY LOVE

♩ = 86

Words and Music by RON PATTON

see you now __ with him   by   your   side

piece - s of my heart I can - not hide. _____ We

were like sis - ters _____ I trust - ed you blind

but you crossed that line left me be - hind. You

took my ___ love ___ you stole my ___ life. ___

Cracked

mir - rors of us still haunts the night ___ but

182

D.S. al Coda

YOUR VOICE ON THE LINE

♩ = 124

Words and Music by RON PATTON

(Piano Intro_____

_____) Found an old_____

_____ phone ____ in a draw-er last night ____ charged it up_____

____ saw your name ___ in the light _____ sev - en years_____

_____ of _____ dust _____ but your voice came thrus clear _____ sud - den -

- ly it's like you nev - er dis - ap - peared   I

told my - self _____ I'd moved on _____ left it all _____ be - hind _____

_____   but one _____

_____ mess - age _____ from you _____ and I'm back _____ in _____ time _____

sure _____ One

voice - mail from you and my heart's ___ no - long -

- er mine (do I dare _____ to cross that line?) We were young___

___ thought we had it all planned out ___ but life got___

___ in the way ___ filled our heads _____ with ___ doubt now I'm won -

my fin - gers

hov - ers o - ver ___ your ___ num - ber ___ should I ___ dare?

Your Voice On the Line ___ it ech - oes thru the

years bring - ing back the love the laugh - ter and the

tears I thought I said good - bye ___ but now I'm not so ___

D.S. al Coda

CODA:

195

breath catch - es   in   my ____   throat, ____

your   voice ____   an -   swers ____   and

sud - den - ly ____   there's __   hope. ____

196